BEI GRIN MACHT SICH IHR WISSEN BEZAHLT

AF167252

- Wir veröffentlichen Ihre Hausarbeit,
  Bachelor- und Masterarbeit

- Ihr eigenes eBook und Buch -
  weltweit in allen wichtigen Shops

- Verdienen Sie an jedem Verkauf

Jetzt bei www.GRIN.com hochladen
und kostenlos publizieren

Förderung der Schreibkompetenzen durch Kreatives Schreiben

Samuel Haug

Bibliografische Information der Deutschen Nationalbibliothek:

Die Deutsche Nationalbibliothek verzeichnet diese Publikation in der Deutschen Nationalbibliografie; detaillierte bibliografische Daten sind im Internet über http://dnb.d-nb.de abrufbar.

ISBN: 9783346578457
Dieses Buch ist auch als E-Book erhältlich.

© GRIN Publishing GmbH
Nymphenburger Straße 86
80636 München

Druck und Bindung: Books on Demand GmbH, Norderstedt Germany
Gedruckt auf säurefreiem Papier aus verantwortungsvollen Quellen

Das vorliegende Werk wurde sorgfältig erarbeitet. Dennoch übernehmen Autoren und Verlag für die Richtigkeit von Angaben, Hinweisen, Links und Ratschlägen sowie eventuelle Druckfehler keine Haftung.

Das Buch bei GRIN: https://www.grin.com/document/1168089

Pädagogische Hochschule Ludwigsburg

Modulprüfung

Modulprüfung Deutsch Modul 2

Seminar: Einführung in die Fachdidaktik

Förderung der Schreibkompetenzen durch kreatives Schreiben

Samuel Haug

Bachelor Lehramt Sekundarstufe 1 PO 2015

Sommersemester 2021

Inhaltsverzeichnis

1. Einleitung

Im Bildungsplan nehmen die prozessbezogenen Kompetenzen einen hohen Stellenwert ein, wobei sich der Erwerb dieser Kompetenzen über alle Klassen des Bildungsgangs erstreckt. Eine prozessbezogene Kompetenz von Schüler*innen ist der Kompetenzbereich *Schreiben*, welcher die Ausbildung aller schulischen und privaten Schreibformen umfasst[1]. Einen klaren Konsens innerhalb der Fachdidaktik, was unter Schreibkompetenz zu verstehen ist, gibt es derzeit nicht, weshalb verschiedene Definitionen der Schreibkompetenzen nach Hayes, Becker-Mrotzek und Fix erläutert und miteinander verglichen werden sollen. Im Anschluss wird der Bezug zum Bildungsplan des Landes Baden-Württemberg für die Sekundarstufe 1 im Fach Deutsch[2] hergestellt. Des Weiteren soll ein Überblick über die Schreibdidaktischen Konzeptionen nach Schäfer gegeben werden, wobei im Folgenden das kreative Schreiben in das Modell eingeordnet und genauer erläutert wird. Das kreative Schreiben soll definiert und samt seiner verschiedenen Formen vorgestellt und zum traditionellen Aufsatzunterricht abgegrenzt werden. Auch sollen sechs Schreibanlässe und Schreibimpulse für das Kreative Schreiben nach Böttcher dargestellt und die Erkenntnisse zur Wirksamkeit des kreativen Schreibens nach Winter erläutert werden. Im nächsten Schritt wird auf die Potenziale der Förderung der Schreibkompetenzen von Schüler*innen durch das Kreative Schreiben eingegangen. Andererseits werden einhergehende Schwierigkeiten des Kreativen Schreibens mit Blick auf die Förderung der Schreibkompetenz dargelegt und reflektiert. Am Ende dieser Hausarbeit soll ein Resümee gezogen und die Frage beantwortet werden, ob und wie sich die Schreibkompetenzen von Schüler*innen in der Sekundarstufe 1 durch kreatives Schreiben fördern lassen.

---

[1] Vgl. Ministerium für Kultus, Jugend und Sport Baden-Württemberg und Landesinstitut für Schulentwicklung (Hg.): Sek 1: Deutsch, in: Bildungspläne-bw, 23.03.2016, http://www.bildungsplaene-bw.de/,Lde/Startseite/BP2016BW_ALLG/BP2016BW_ALLG_SEK1_D_PK_02 (abgerufen am 02.08.2021), S. 6.
[2] Ministerium für Kultus, Jugend und Sport Baden-Württemberg und Landesinstitut für Schulentwicklung (Hg.), 2016.

2. Definition der Schreibkompetenz

Innerhalb der Fachdidaktik gibt es keinen klaren Konsens, was unter *Schreibkompetenz* zu verstehen ist, weshalb im Folgenden eine Begriffsannäherung dargelegt werden soll und verschiedene Modelle zur Schreibkompetenz miteinander verglichen werden.

Das lateinische Wort *competere* bedeutet *zu etwas fähig sein*, weshalb Kompetenzen Fähigkeiten sind, die benötigt werden, um bestimmte Anforderungen erfüllen zu können.[3] Besonders der Problemlöseaspekt hinsichtlich der Definition von Kompetenz hat in der Psychologie zunehmend an Bedeutung gewonnen, woraufhin auch die Schreibkompetenzen nicht mehr nur kognitive Fähigkeiten, sondern auch volitionale Faktoren, wie Motivation und Wille umfassen.[4] Demnach sollen motivierende Unterrichtsszenarien dazu führen, dass Schüler*innen besser schreiben, was zwangsläufig kognitiver Prozesse bedarf. Während die differenziell-psychologische Modellierung Schreibkompetenz als Produkt ansieht, definiert die kognitions-psychologische Modellierung Schreibkompetenz als Prozess, wobei das Interesse der Beschreibung, der Erfassung und der Modellierung von Teilprozessen und deren Teildynamiken beim Schreiben gilt. Außerdem werden alle kognitiven und metakognitiven Schreibprozesse integrativ beachtet. Die pädagogisch-psychologische Sicht auf die Schreibkompetenz hat mit der Auffassung, Schreiben sei eine trainierbare Fähigkeit, eine vermittelnde Funktion zwischen den differenziell- und kognitions-psychologischen Sichtweisen und hat den Anspruch gezielt Schreibprozesse zu fördern und die Effektivität von Interventionen zu überprüfen und ist daher auch für die Schreibdidaktik erkenntnisreich.[5] Becker-Mortzek schreibt: „Im Zentrum aktueller schreibdidaktischer Theoriebildung steht die Frage, auf welche Weise der Unterricht die Schüler befähigen kann, selbstständig komplexe Texte zu verfassen"[6]. Damit ergibt sich für die Schreibkompetenz eine besondere Fokussierung der verschiedenen unterscheidbaren Schreibprozessen, welche gleichzeitig eine hierarchische und dynamische Struktur haben und sowohl einen zielgerichteten kognitiven, als auch ein offener Prozess darstellen. Diese Balance bestimmt kompetentes Schreiben.[7]

---

[3] Vgl. Fix, Martin: Texte schreiben: Schreibprozesse im Deutschunterricht, Stuttgart, Deutschland: SCHONINGH., 2008, S. 20.
[4] Vgl. ebd., S. 21.
[5] Vgl. Philipp, Maik: Grundlagen der effektiven Schreibdidaktik: und der systematischen schulischen Schreibförderung, 7. erw., Baltmannsweiler, Deutschland: Schneider Hohengehren, 2019, S. 19f.
[6] Becker-Mortzek (2014) in Philipp, 2019, S. 20.
[7] Vgl. ebd. S. 20f.

2.1. Definition der Schreibkompetenz nach Hayes

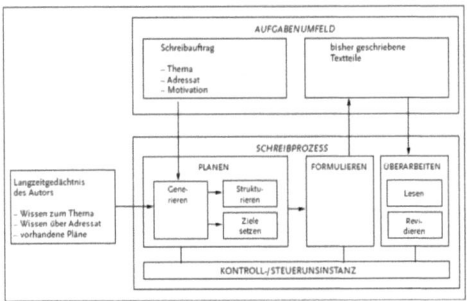

Abbildung 1: Schreibprozessmodell nach Hayes/Fowler (1980)
Quelle: Köller, 2019, S. 154.(Vgl. Abb. im Anhang)

An den Ansätzen der Problemlösetheorie ist das kognitive Modell des Schreibens nach Hayes und Fowler orientiert. Schreiben wird „demgemäß als Problemlöseprozess [betrachtet], der in ein Aufgabenumfeld (Aufgabenstellung, Leserschaft, bereits produzierter Text) und ein kognitives Umfeld (das Langzeitgedächtnis des Schreibers mit verschiedenen Wissensressourcen) eingebettet ist"[8]. Demnach besteht der Schreibprozess aus den Teilkomponenten Planen, Formulieren und Überarbeiten welche jeweils eigene Unterkomponenten enthalten. Beim *Planen* „wird das komplexe Handlungsproblem vorstrukturiert. Es werden Ideen erzeugt, Informationen geordnet und ausgewertet, das weitere Vorgehen organisiert und ein Schreibziel ermittelt, das die anstehende Konstruktionsarbeit steuert"[9]. *Formulieren* bedeutet, dass die gedanklichen Inhalte in eine sprachliche Form überführt werden, weshalb elementare Kenntnisse im Bereich Rechtschreibung und Grammatik genauso wie grobmotorische Fähigkeiten (Handschrift bzw. Computerschreiben) erforderlich sind.[10] Probleme im entstehenden Text oder Textentwurf werden beim *Überarbeiten* erkannt und behoben.[11] Damit ist Schreiben bzw. Schreibkompetenz ein zielgerichteter kognitiver Prozess, der sich wiederum in einzelne Teilprozesse mit komplexer Struktur untereinander trennen lässt"[12]. Allerdings folgen die einzelnen Phasen nicht chronologisch aufeinander, sondern beeinflussen und organisieren sich die Phasen gegenseitig. Der Schreibprozess wird insgesamt durch eine Steuerungseinheit (Monitor) koordiniert.[13] Ein Kritikpunkt am kognitiven Modell ist die „Beschränkung auf das Schreibkönnen eines idealen Schreibers, der über alle Möglichkeiten der Planung und Organisation von Schreibprozessen bewusst verfügen kann"[14], sowie „die Annahme eines stets planvollen, zielorientierten und geordnet modular organisierten Schreibprozesses"[15], was nicht auf alle Lernenden übertragen werden kann. Daher

---

[8] Vgl. Wrobel, Arne: Schreiben - Textkompetenz und ihr Erwerb, in: Volker Frederking/Hans-Werner Huneke/Axel Krommer/Christel Meier (Hrsg.), Taschenbuch des Deutschunterrichts: Band 1: Sprach- und Mediendidaktik, Weinheim, Deutschland: Beltz Verlag, 2013, S. 204.
[9] Fix, 2008, S. 37.
[10] Vgl. Philipp, 2019, S. 23.
[11] Vgl. ebd., S. 23.
[12] ebd., S. 21.
[13] Vgl. Wrobel, 2013, S. 204.
[14] ebd., S. 205.
[15] ebd., S. 205.

4

überarbeitete Hayes das Modell grundlegend und betonte das Gewicht des Arbeitsgedächtnisses als limitierender Faktor und des Langzeitgedächtnisses als Ressource[16] Allerdings sind nicht nur kognitive und metakognitive Prozesse und Wissensbestände zur Orchestrierung von Textinhalt und Schreibprozessen nötig, sondern auch die Motivation, die Tätigkeit zu initiieren bzw. aufrechtzuerhalten sowie der soziale (Rückmeldung, Mitschreibende) und der physische Kontext (Schreibaufgabe, -medium, Textprodukt).[17]

2.2. Definition der Schreibkompetenz nach Becker-Mrotzek

Nach Becker-Mortzek versteht man unter *Schreiben* „eine kommunikative Handlung im Sinne einer zeitlich und räumlich zerdehnten Schreiber-Leser-Interaktion mittels schriftlicher Textproduktion. *Schreibkompetenz* wiederum wird als gelingendes Zusammenspiel von verschiedenen Ressourcen und Wissensbeständen im Schreibprozess verstanden, die im besten Fall in ein adressatenorientiertes und die kommunikativen Absichten optimal unterstützendes Textprodukt münden"[18]. Folglich sind nicht nur die allgemeinen kognitiven Fähigkeiten (Planen, Formulieren, Überarbeiten) wichtig, das Kind „muss zudem auch über angemessene Einschätzungen von Kommunikationssituationen von Leserwertungen (soziale Kognition) verfügen und die sozialen Regeln und Muster kennen, die konventionell zur Realisierung bestimmter kommunikativer Zwecke eingesetzt werden"[19]. Schreiben wird analog zum kognitiven Modell als weitgehend intentionale und planbare Handlung angesehen, allerdings wird die kontextuelle Einbindung, die

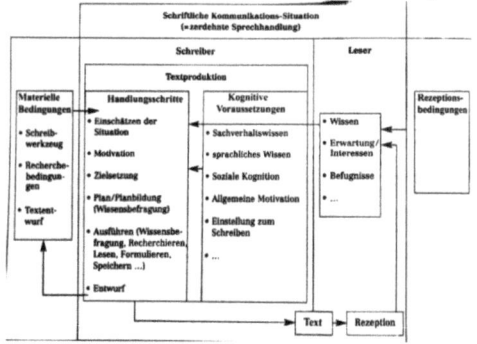

Abbildung 2: Das kommunikative Modell des Schreibens (Becker-Mrotzek/Böttcher 2006), Quelle: Wrobel, 2013, S. 206. (Vgl. Abb. im Anhang)

Aufgabenspezifik (materielle Bedingungen) und die Rezipientenorientierung (Leser) betont. Die kontextuelle Umgebung und die kognitiven Voraussetzungen der*des Schreibenden, wirken auf die Handlungsschritte, wie das Einschätzen der Situation, die Motivation, die Zielsetzung, die Planbildung, die Ausführung und den Entwurf ein. Das kognitive Modell wird also um Fragen wie *warum?* bzw. *für wen?* ergänzt.[20]

---

[16] Vgl. Philipp, 2019, S. 21.
[17] Vgl. ebd. S. 28.
[18] Becker-Mortzek, 2014, zitiert nach Philipp, 2019, S. 19.
[19] Wrobel, 2013, S. 205.
[20] Vgl. ebd., S. 206.

2.3. Definition der Schreibkompetenz nach Fix

Angelehnt an ein Experiment des amerikanischen Kommunikationsforschers Harold Lasswell

	Was schreibe ich? Inhaltliche Kompetenz	
Warum und für wen schreibe ich? Zielsetzungs- kompetenz	Interdependente Fragen im Schreib- prozess	Wie formuliere und überarbeite ich? Formulierungs- kompetenz
	Wie baue ich den Text auf? Strukturierungs- kompetenz	

Abbildung 3: Schreibkompetenz nach Fix (2006)
Quelle: Fix, 2008, S. 26. (Vgl. Abb. im Anhang)

(Who says what to whom through which channel with which effect) formuliert Fix die folgenden Aspekte der Schreibkompetenzen: Selbsteinschätzung, Schreibanlass, Zielbestimmung, Adressateneinschätzung, Textgegenstand sowie konkrete sprachliche Mittel und arbeitet aus diesen Aspekten vier Teilkompetenzen mit jeweils zu lösenden Problemfragen, angelehnt am Problemlösungsansatz der Psychologie, heraus: Zielsetzungskompetenz (*Warum und für wen schreibe ich?*) Inhaltliche Kompetenz (*was schreibe ich?*), Formulierungskompetenz (*wie formuliere und überarbeite ich?*) und Strukturierungskompetenz (*wie baue ich den Text auf?*).[21]

Die zu lösenden Problemfragen haben Operationen im Schreibprozess zur Folge, wobei die Textproduktion rekursiv (zurückverweisend) und interpendent (voneinander gegenseitig abhängend) sind.[22] Dabei umfasst die *Zielsetzungskompetenz* die Dekodierung der Aufgabe, das Erfassen des Schreibanlasses, das Antizipieren der Rezipienten, das Setzen eines Schreibziels und das Klären der Schreibmotivation, ggfls. die Kanalisierung der Emotionen.[23] Unter dem Begriff *Inhaltliche Kompetenz* listet Fix die Aktivierung von Vor- bzw. Weltwissen, die Informationsbeschaffung, die Präzisierung des Schreibziels und das Generieren von Ideen und Imagination.[24] Die *Strukturierungskompetenz* meint die Bewertung und Strukturierung von Information, die Festlegung von Inhalten oder das Organisieren des Vorgehens[25]. Die *Formulierungskompetenz* schließlich bezeichnet Operationen im Schreibprozess, welche Schriftsprache produzieren und Probleme auf verschiedenen linguistischen Ebenen bewältigen (Orthografie, Morphologie, Semantik, Syntax, etc.). Außerdem werden Revisionen durchgeführt und Fehler überprüft und korrigiert.[26] Schreibkompetenz wird nach Fix definiert als „die Fähigkeit, pragmatisches Wissen, inhaltliches (welt- und bereichsspezifisches) Wissen, Textstrukturwissen und Sprachwissen in einem Schreibprozess so anzuwenden, dass das Produkt den Anforderungen einer (selbst- oder fremdbestimmten) Schreibfunktion (z.B. Anleiten, Erklären, Unterhalten) gerecht wird"[27].

---

[21] Vgl. Fix, 2008, S. 26.
[22] Vgl. ebd., S. 26.
[23] Vgl. ebd., S. 27f.
[24] Vgl. ebd., 28f.
[25] Vgl. ebd., S. 29f.
[26] Vgl. ebd., S. 30ff.
[27] Fix, 2006, zitiert nach Schäfer, Joachim: Schreiben - Texte produzieren, in: Volker Frederking/Hans-Werner Huneke/Axel Krommer/Christel Meier (Hrsg.), Taschenbuch des Deutschunterrichts: Band 1: Sprach- und Mediendidaktik, Weinheim, Deutschland: Beltz Verlag, 2013, S. 323.

Zusammengefasst lässt sich die Schreibkompetenz nach kognitionspsychologischem Verständnis in die drei grundlegenden Subkompetenzen des Planens, Formulierens und Überarbeitens in einem Schreibprozess auffächern (Hayes). Allerdings wurden diese Modelle um zusätzliche Aspekte mit Blick auf die Motivation und Schreibfunktion, die Rekursivität und Interaktivität, die Parallelität und Simultanität sowie den Handlungsrahmen und die Rezeptionsbedingungen erweitert.[28] Beispiele hierfür sind die Modelle von Becker-Mrotzek und Böttcher oder von Fix. Schreibkompetenz wird als „ein gelingendes Zusammenspiel von verschiedenen Ressourcen und Wissensbeständen im Schreibprozess verstanden, die im besten Fall in ein adressatenorientiertes und die kommunikativen Absichten optimal unterstützendes Textprodukt münden"[29]. Nicht zuletzt ist die Motivation und Freude am Schreiben eine Grundvoraussetzung für eine erfolgreiche Entwicklung der Schreibkompetenz.[30] Einen klaren Konsens innerhalb der Fachdidaktik, was unter Schreibkompetenz genau zu verstehen ist, gibt es derzeit nicht.[31]

3. Bezug zum Bildungsplan

Der Bildungsplan des Landes Baden-Württemberg für das Fach Deutsch in der Sekundarstufe 1 versteht die Schreibkompetenz analog zur Kognitions-psychologischen Modellierung[32] vor allem als Prozess: „Durch die stetige Erweiterung und Vertiefung der Kompetenz, das Schreiben als Prozess zunehmend eigenständig und selbstverantwortlich zu gestalten, werden sich die Schüler*innen des Schreibens als zentraler Kommunikationsform zwischen Menschen bewusst"[33]. Die Formulierung *Schreiben als zentrale Kommunikationsform* nimmt Bezug auf Modelle der Schreibkompetenz, wie das kommunikative Modell des Schreibens von Becker-Mrotzek und Böttcher, welche den Schreibprozess als „Form einer komplexen kommunikativen Handlung betrachten"[34]. Die Berücksichtigung des Schreibprozesses als kommunikative Handlung hat zur Folge, dass die Schüler*innen über eine „angemessene Einschätzung von Kommunikationssituationen und von Leserwertungen (soziale Kognitionen) verfügen und die sozialen Regeln und Muster kennen [sollen], die konventionell zur Realisierung bestimmter kommunikativer Zwecke eingesetzt werden"[35]. So sollen die Schüler*innen zentrale Schreibformen, z.B. informierende, argumentierende oder expressive Schreibformen, kennen und sachgerecht anwenden.[36] Eine dieser Schreibformen ist auch das

---

[28] Vgl. Fix, 2008, S. 48f.
[29] Becker-Mrotzek, 2014, zitiert nach Philipp, 2019, S. 19.
[30] Vgl. Köller, 2019, S. 144.
[31] Vgl. Schäfer, 2013, S. 323.
[32] Vgl. Philipp, 2019, S. 19.
[33] Ministerium für Kultus, Jugend und Sport Baden-Württemberg und Landesinstitut für Schulentwicklung (Hg.), 2016, S. 6.
[34] Wrobel, 2013, S. 205.
[35] ebd., S. 205.
[36] Vgl. Ministerium für Kultus, Jugend und Sport Baden-Württemberg und Landesinstitut für Schulentwicklung (Hg.), 2016, S. 6.

kreative Schreiben, wobei in dieser Hausarbeit untersucht werden soll, ob und wie eine Förderung der Schreibkompetenz von Lernenden durch kreatives Schreiben gelingen kann. Beim kreativen Schreiben und produktiven Gestalten sollen die Schüler*innen dem Bildungsplan zufolge sprachliche Mittel gezielt einsetzen, anschaulich erzählen und nacherzählen, verschiedene Erzähltechniken anwenden, auf die Erzähllogik achten und nach Mustern schreiben, was bedeutet, Textsortenspezifika und deren stilistische Merkmale im eigenen Text nachzuahmen. Außerdem sollen die Lernenden nach Impulsen schreiben und zuletzt produktionsorientiertes Schreiben als Mittel der Texteignung und Interpretation nutzen.[37] Die Unterscheidung und funktionale Anwendung verschiedener Schreibformen ergänzt die prozessbezogenen Teilkompetenzen *Planen, Formulieren* und *Überarbeiten* eine zentrale Rolle bei der Schreibkompetenz.[38] *Planen* bedeutet hierbei die Fähigkeit einen Schreibplan zu erstellen, um Texte zielgerecht, adressaten- und situationsbezogen zu konzipieren. Der Begriff *Formulieren* bezeichnet die Bewältigung elementarer Anforderungen des Schreibens, die strukturierte, stimmige und verständliche Formulierung des Textes mit einem differenzierten Wortschatz, die Kennzeichnung und Integration von Übernahmen aus fremden Texten, das Verfassen gut lesbarer Texte in einem angemessenen Zeitrahmen und die dem Zweck entsprechend Textgestaltung. Beim *Überarbeiten* sollen die Schüler*innen schließlich kritisch zu eigenen oder fremden Texten Stellung nehmen und die Schritte des Planens und Formulierens überprüfen. Darüber hinaus sollen die Lernenden Strategien zur Überprüfung der sprachlichen Richtigkeit und Rechtschreibung anwenden und kritische Beobachtungen in konkrete Verbesserungsansätze und -vorschläge umsetzen. Die Texte sollen inhaltlich und sprachlich überarbeitet werden, wobei hierfür geeignete Methoden und Sozialformen genutzt werden sollen.[39] Damit spiegeln die prozessbezogenen Teilkompetenzen der Schreibkompetenz vor allem die Ansätze der kognitiv-psychologischen Modelle zur Schreibkompetenz, bestehend aus Planen, Formulieren und Überarbeiten.

4. Überblick zu den Schreibdidaktischen Konzeptionen nach Schäfer

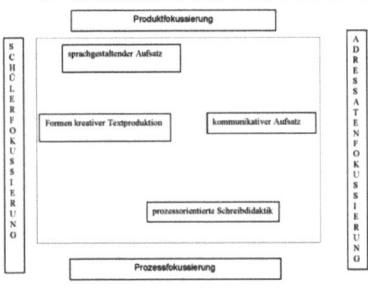

Wie bereits bei den Ansätzen zur Definition des Begriffes Schreibkompetenz angeklungen ist, rückt das Konstrukt *Schreiben als Prozess* (Kognitions-psychologische Modellierung) in den Vordergrund der Schreibdidaktik, mit dem Ziel einer stärkeren Prozessorientierung bei schulischen Textproduktionen, wobei der

Abbildung 4: Schreibdidaktische Konzeptionen nach Schäfer, Quelle: Schäfer, 2013, S. 324 (Vgl. Abb. im Anhang)

[37] Vgl. ebd., S. 15.
[38] Vgl. ebd., S. 13.
[39] Vgl. ebd., S.14f.

Schreibunterricht gegenwärtig häufig an einer produktfokussierten Didaktik (Differenziell-psychologische Modellierung) orientiert ist.[40] Merz-Grötsch ordnet die schreibdidaktischen Ansätze nach Kriterien ein und differenziert zwischen Didaktiken „[...] in deren Zentrum die Schülerinnen und Schüler stehen (schülerfokussierte Didaktiken) und solche[n], die in erster Linie am Produkt (produktfokussierte Didaktiken) oder am Adressatenkreis (adressatenfokussiert) interessiert sind und Textproduktionsdidaktiken, die den Schreibprozess selbst in den Vordergrund stellen (prozessfokussierte Didaktiken)"[41]. Die Schreibdidaktischen Konzeptionen lassen sich in das Raster von Schäfer einordnen, wobei der angemessene didaktische Ansatz von der Zielvorstellung von Schreibkompetenz abhängig ist.[42] Kreative Textproduktionen kamen im Zuge der Schüler*innenfokussierung in den 80er Jahren auf. Von Formen kreativer Textproduktion wird durch die subjektive Herangehensweise eine stärkere Schreibmotivation erwartet, wobei gleichzeitig die Qualität der Texte erhöht und die Kreativität der Schüler*innen gefördert würden.[43] Im Gegensatz zum freien Schreiben arrangiert das kreative Schreiben Zugänge zum Schreiben und lässt die subjektiven Prozesse nicht völlig ungesteuert ablaufen, so sind Methoden, die Schreibprozesse auslösen sollen, von großer Bedeutung.[44] Das kreative Schreiben ordnet sich im Zusammenhang mit der modernen Schreibdidaktik als prozessorientiert und individualisierend ein.[45]

5. Kreatives Schreiben

5.1. Definition kreatives Schreiben

Das kreative Schreiben ist seit der aufkommenden Schüler*innen-Fokussierung Mitte der 80er Jahre in den meisten Lehrplänen fest verankert. Vor allem gilt das kreative Schreiben als Gegenpol zum traditionellen Aufsatzunterricht. Dieser diente vornehmlich dazu, die Formen Erzählung, Bericht, Beschreibung, Schilderung und Erörterung einzuüben.[46] Durch die subjektive Herangehensweise an die Textproduktion wird eine größere Schreibmotivation erwartet, wodurch „auch die Qualität der Texte besser und die Entwicklung von Kreativität gefördert"[47] wird. Im Zusammenhang mit den Subjektivierungstendenzen in den 80er Jahren tritt der Kreativitätsbegriff auf, wobei kreatives Schreiben das Verarbeiten autobiographischer Erfahrungen meint und die ganze Person und Individualität umfasst.[48] Kreativität zeichnet sich nach Brodbeck dadurch aus, dass ein Produkt neuartig und wertvoll ist oder durch einen

---

[40] Vgl. Schäfer, 2013, S. 323f.
[41] Merz-Grötsch, 2000, zitiert nach Schäfer, 2013, S. 324.
[42] Vgl. Schäfer, 2013, S. 324f.
[43] Vgl. ebd., S. 327f.
[44] Vgl. Fix, 2008, S.116.
[45] Vgl. Böttcher, Ingrid: Kreatives Schreiben: Grundlagen und Methoden - Beispiele für alle Fächer und Projekte - Ab Jahrgangsstufe 2, 6., Berlin, Deutschland: Cornelsen Scriptor, 2010, S. 7.
[46] Vgl. Winter, Claudia: Traditioneller Aufsatzunterricht und kreatives Schreiben: eine empirische Vergleichsstudie, Augsburg, Deutschland: Wißner, 1998, S. 11.
[47] Schäfer, 2013, S. 327.
[48] Vgl. Böttcher, 2010, S. 14.

neuartigen Weg, welcher zum Produkt führt oder dadurch, dass etwas auf neuartige Weise wahrgenommen, gefühlt, erkannt oder gedacht wird. Vorausgesetzt wird, dass jeder Mensch kreatives Potenzial besitzt, welches auch sprachliche Kreativität beinhaltet.[49] Im Sinne von produktionsorientierten Verfahren innerhalb eines handlungs- und produktionsorientierten Literaturunterrichts benötigt kreatives Schreiben literarische Texte, mit denen sich die Lernenden auseinandersetzen, wodurch etwaige Schreibblockaden abgebaut oder verringert werden sollen.[50] Das kreative Schreiben wird dabei mit Aufgabenstellungen bewusst inszeniert und führt zu einem Schreibakt, der individuelle und literarische Phantasie freisetzt und ästhetische Texte mit originären künstlerischen Perspektiven entstehen lässt"[51]. Dadurch bietet das kreative Schreiben „neue Perspektiven, Ziele und Konzepte und vor allem andere Motivations-, Förderungs-, und Verfahrensstrukturen an"[52]. Spinner versteht kreatives Schreiben als „ein Schreiben, das nicht in der Reproduktion von vorgegebenem Material besteht, sondern die eigene Gestaltungskraft der Schreibenden in Anspruch nimmt"[53]. Beim kreativen Schreiben existiert nie eine eindeutige Lösung, auch Weg und Ziel sind vage, wobei Lösungsentwürfe ständig überprüft werden müssen.[54] Der kreative Ansatz wird vor allem durch die drei Prinzipien Irritation, Expression und Imagination charakterisiert. Das Prinzip der *Irritation* betont das divergente Denken, mit dem Ziel, die alltäglichen Gedankenmuster zu durchbrechen.[55] *Expression* meint den authentischen Ausdruck des individuellen Selbst und den eigenen Gefühlen.[56] Als drittes Prinzip gilt die *Imagination*. Dabei „soll Raum zur Entfaltung von Fantasien gegeben werden, die das Gewohnte überschreiten"[57]. Insgesamt gilt kreatives Schreiben als Sammelbegriff verschiedener Konzepte, wobei „es eher den identifikationsstiftenden und persönlichkeitsbildenden Funktionen des Schreibens und der Fokussierung des kreativen Prozesses beim Schreiben verhaftet [ist]"[58].

5.2. Verschiedene Formen kreativen Schreibens und Abgrenzung zum traditionellen Aufsatzunterricht

Bei kreativen Textproduktionen wird in drei Formen unterschieden: das freie Schreiben, das personale Schreiben und das kreative Schreiben. Das *personale Schreiben* soll die Identitätsbildung von Schüler*innen durch Impulse der Lehrkraft angeregt werden. Beim *freien Schreiben* sollen Lernende in einer anregungsreichen Umgebung mit Schrift und Schreiben

---

[49] Vgl. ebd., S. 10-13.
[50] Vgl. Schäfer, 2013, S. 327.
[51] Köller, Katharina: Schreiben, in: Charis Goer/Katharina Köller (Hrsg.), Fachdidaktik Deutsch, Stuttgart, Deutschland: UTB, 2019, S. 144.
[52] Böttcher, 2010, S. 9.
[53] Spinner, 1993, zitiert nach Winter, 1998, S. 17.
[54] Vgl. Fix, 2008, S. 118.
[55] Vgl. Köller, 2019, S. 160.
[56] Vgl. Winter, 1998, S. 22.
[57] Fix, 2008, S. 116.
[58] Böttcher, 2010, S. 15.

experimentieren.[59] „Das kreative Schreiben im Sinne von produktionsorientierten Verfahren innerhalb des handlungs- und produktionsorientierten Literaturunterrichts benötigt literarische Texte, mit denen sich Schüler*innen auseinandersetzen können"[60]. Das *kreative Schreiben* setzt also auf arrangierte bzw. angeleitete Zugänge zum Schreiben, welche kreative Prozesse auslösen sollen.[61] Alle Formen vereint die subjektive Herangehensweise mit dem Ziel einer größeren Schreibmotivation, einer höheren Qualität und der Entwicklung von Kreativität.[62] Im Gegensatz zum traditionellen Aufsatzunterricht, wobei die Vermittlung von standardisierten Normen des Schreibens im Mittelpunkt steht, ist der subjektive Aspekt beim kreativen Schreiben zentral. Auch werden die Schreibenden von der systematischen Orientierung an Textmustern aus der Lehre der Aufsatzformen (Erzählung/Bericht/etc.) befreit und zu neuen Einfällen angeregt. Zuletzt entsteht beim kreativen Schreiben ein Produkt, welches nicht nach den klaren Kriterien zur Bewertung (Inhalt/Aufbau/Stil/Sprache/etc.) des traditionellen Aufsatzunterrichts beurteilt werden kann, vielmehr ergeben sich die Kriterien daraus, ob die Autorin, der Autor, sein Schreibziel erfüllt sieht.[63]

5.3. Schreibanlässe und –impulse nach Böttcher

Kreative Methoden sollen die Freude am Schreiben erhöhen und die Schreibmotivation stärken.[64] „Es werden hilfreiche Impulse gesetzt oder Strukturen vorgegeben, z.B. ein Bild, ein Gegenstand, [...] ein Textfragment [...]. Entscheidend ist, dass der Impuls nicht zu komplex ist und einen überwindbaren Widerstand bildet, da es sonst ebenfalls zu Schreibblockaden kommen kann"[65]. Die Schreibmethoden sollen möglichst ganzheitliche, sinnhafte und individuelle Erfahrungen sowie ein kooperatives Arbeiten ermöglichen.[66] Böttcher stellt sechs Verfahren des kreativen Schreibens vor: Assoziative Verfahren, Schreiben nach Vorgaben bzw. nach Regeln und Mustern, Schreiben zu und nach (literarischen) Texten, Schreiben zu Stimuli und Weiterschreiben an kreativen Texten, wobei sich nicht alle Methoden voneinander trennscharf beschreiben lassen.[67] „*Assoziative Verfahren* spenden und vernetzen Ideen, geben ein Thema oder Leitfaden vor und führen dazu, dass Gedanken, Vorstellungen, Bilder, Erinnerungen und Gefühle schreibend eine individuelle Gestalt annehmen"[68]. Es gibt sowohl spielerisch-experimentelle Assoziationsverfahren (z.B. Cluster) oder meditative Assoziationsverfahren (z.B. Fantasiereise).[69] Unter Schreibspiel werden kreative Verfahren

---

[59] Vgl. Schäfer, 2013, S. 327.
[60] Ebd., S. 327.
[61] Vgl. Böttcher, 2010, S. 17.
[62] Vgl. Schäfer, 2013, S. 327f.
[63] Vgl. Fix, 2008, S. 127.
[64] Vgl. Böttcher, 2010, S. 22.
[65] Fix, 2008, S. 116.
[66] Böttcher, 2010, S. 22f.
[67] Vgl. ebd., S. 23.
[68] Köller, 2019, S. 161.
[69] Vgl. Böttcher, 2010, S. 24.

gefasst, „die das gemeinsame Verfassen eines Textes oder die gemeinsame Weiterarbeit an einem Text betonen"[70]. Ein Beispiel stellt das Erwürfeln von Geschichten dar. Wie erläutert, bedeutet Kreatives Schreiben angeleitetes Schreiben, z.b. durch inhaltliche, formale oder strukturelle Regeln, sodass die Lernenden beim *strukturorientieren Schreiben* viele lyrische und erzählende Techniken erproben (z.B. Elfchen).[71] „Sowohl in einem produktiven Literaturunterricht als auch in einem literarisch-kreativen Schreibunterricht wird mit (literarischen) Texten als Anregung zum Selberschreiben gearbeitet"[72]. Der Text gibt einerseits Muster oder Regeln vor, andererseits fordern die literarischen Texte Schüler*innen dazu heraus, sich in andere Wirklichkeiten hineinzugeben. Beispielhaft für die Methode des *Schreiben zu und nach (literarischen Texten)* ist das Füllen von Löchertexten.[73] Stimuli (z.B. Musik) sind klar als Anregung oder Reizmittel definiert und „provozieren spontane Assoziationen, Fantasie und Imagination und regen das sprachliche kreative Umsetzen an"[74]. Beim *Weiterschreiben an kreativen Texten* experimentieren Schülergruppen mit eigenen und fremden Texten, mit dem Ziel, diese gewinnbringend zu verändern (z.B. automatisches Schreiben)[75].

5.4. Erkenntnisse zur Wirksamkeit des kreativen Schreibens nach Winter

Trotz intensiver theoretischer Diskussion liegen kaum Erkenntnisse zur Wirksamkeit des kreativen Schreibens vor, auch im Vergleich zum traditionellen Aufsatzunterricht. Daher hat Winter eine Untersuchung angestellt, „ob und welche Unterschiede Grundschulkinder zeigen, wenn diese über einen längeren Zeitraum nach traditionellen Vorstellungen unterrichtet wurden bzw. vorwiegend kreatives Schreiben praktizierten"[76]. Es soll der Frage auf den Grund gegangen werden, ob die spezifischen Leistungen des kreativen Schreibens (Aktivierung von Imagination, Abbau von Schreibblockaden, etc.) zur Folge haben, dass ein höheres Maß an Kreativität, Fantasie freigesetzt und sprachliche Qualitäten entwickelt werden können im Vergleich zu anderen Grundschulkindern ohne diese spezielle Förderung. Auf der anderen Seite gilt es herauszufinden, ob der Lernzuwachs des traditionellen Aufsatzunterrichts (Vermittlung von Darstellungsformen und sprachlichen Gestaltungsmitteln) als konkrete Hilfe zum Verfassen von Texten sich in der Entwicklung der Schreibkompetenz von Grundschulkindern niederschlägt.[77] Zum Vergleich der beiden Ansätze fand in jeweils zwei Grundschulklassen traditioneller Aufsatzunterricht statt, in zwei weiteren Klassen wurde kreatives Schreiben praktiziert. Eine Klasse wurde mit beiden Ansätzen konfrontiert. Aus den

---

[70] ebd., S. 25.
[71] Vgl. ebd., S. 25.
[72] ebd., S. 26.
[73] Vgl. ebd. S. 26.
[74] ebd., S. 27.
[75] Vgl. Köller, 2019, S.162.
[76] Winter, 1998, S. 25.
[77] Vgl. ebd., S. 25.

Ergebnissen der Untersuchung formuliert Winter Erkenntnisse zur Wirksamkeit des kreativen Schreibens. Zunächst einmal zeigt die Studie, „daß [sic!] der traditionelle Aufsatzunterricht dem Anspruch, Grundschulkinder in ihrer Schreibentwicklung zu fördern, wesentlich besser nachkommt als das kreative Schreiben"[78], wobei von prägendem Einfluss der jeweiligen Methode ausgegangen wird. Demnach haben im traditionellen Aufsatzunterricht vermittelte inhaltliche und sprachliche Aspekte, die anschließend von den Lernenden in eigenen Texten umgesetzt werden, zu einem Lernzuwachs geführt, wobei Erwartungen und die Aspekte des traditionellen Aufsatzunterrichts für die Kinder wesentlich transparenter sind, als die des kreativen Schreibens, welches wiederum eher für Unklarheit bei den Lernenden sorgte. Winter folgert, dass für Grundschulkinder „ein Unterricht, der grundlegende Qualifikationen bezüglich der Textproduktionen vermittelt, unabdingbar [ist]. Dieser Forderung kommt das kreative Schreiben nicht in ausreichendem Maß nach"[79]. Eine ausschließliche Praktizierung des kreativen Schreibens wird daher abgelehnt, allerdings kann das kreative Schreiben eine Ergänzung sein: Tatsächlich sorgt das kreative Schreiben für eine Aktivierung der Imaginationskraft sowie für eine positive und aufgeschlossene Einstellung gegenüber dem Schreiben durch den kreativen und spielerischen Umgang mit Sprache. Des Weiteren fördert das kreative Schreiben ein stärkeres Einbringen der eigenen Persönlichkeit.[80] Insgesamt beschränkt sich das kreative Schreiben auf Anstöße zur Textproduktion, wobei das Kind zu wenig Begleitung und Unterstützung erfährt. Das Schreiben als Prozess dagegen setzt den Schwerpunkt auf Schreibplanung und Schreibhilfen setzt, weshalb beide zusammengedacht werden könnten, um das Schreiben als Prozess mit den wertvollen Akzenten des kreativen Schreibens zu ergänzen.[81]

6. Förderung der Schreibkompetenzen durch kreatives Schreiben

6.1. Möglichkeiten der Schreibkompetenzen durch kreatives Schreiben

Wie im ersten Teil dieser Hausarbeit erläutert wurde, gibt es keinen klaren Konsens, was genau unter Schreibkompetenz zu verstehen ist. Allerdings beschäftigt sich die moderne Schreibdidaktik mit der*dem Schreibenden, als Schreibsubjekt und versteht den Text nicht ausschließlich als Produkt, sondern nach kognitions-psychologischer Modellierung als Prozess, genauer als Problemlösungsprozess, welcher unterstützt werden muss und gefördert werden kann. Der Schreibprozess besteht nach Hayes aus den Teilkomponenten Planen, Formulieren und Überprüfen. Allerdings müssen diese Teilkompetenzen um die Motivation des Kindes, die Aufgabenspezifik und die Rezeptionsorientierung ergänzt werden sowie um die Rekursivität und Interpendenz der verschiedenen Operationen im Schreibprozess. Dem wird im Bildungsplan Rechnung getragen, wobei die Schreibkompetenz vor allem durch die

---

[78] ebd., S. 201.
[79] ebd., S. 201.
[80] Vgl. ebd., S. 201f.
[81] Vgl. ebd., S. 202.

prozessbezogenen Teilkompetenzen Planen, Formulieren und Überarbeiten charakterisiert ist. Darüber hinaus soll der Schreibprozess als kommunikative Handlung wahrgenommen werden und die Lernenden sollen zentrale Schreibformen kennen und sachgerecht anwenden. Eine dieser Schreibformen ist das kreative Schreiben, wobei sich die Frage stellt, ob und wie das kreative Schreiben die Schreibkompetenz fördern kann. Insgesamt gibt es bisher wenige Modelle zur Entwicklung der Schreibkompetenzen. Bereits existierende Modelle beruhen häufig auf einer schmalen empirischen Basis und beziehen sich häufig nicht auf unterrichtliche Kontexte, weshalb die Frage der Wirksamkeit der Förderung von Schreibkompetenz oft unbeantwortet bleibt.[82] Laut Gössman erhält die eigene Sprachkompetenz zwangläufig eine Förderung durch das schriftliche Arbeiten mit Texten, durch den sprachlichen Stil (Formulierungskompetenz) oder durch die Struktur von Texten (Strukturierungskompetenz).[83] Beim kreativen Schreiben sollen Schüler*innen dem Bildungsplan zufolge sprachliche Mittel gezielt einsetzen, nach Impulsen schreiben und nach Mustern schreiben, was bedeutet Textsortenspezifika und deren stilistische Merkmale im eigenen Text nachzuahmen.[84] Dies kann das kreative Schreiben mit den verschiedenen Schreibanlässen und –impulsen nach Böttcher definitiv leisten. Bei verschiedenen Methoden innerhalb des kreativen Schreibens wird ein fremder Text weitergeschrieben oder ergänzt, sodass die Schüler*innen die Formulierungen und Strukturierungen für das eigene sprachliche Handeln übernehmen können.[85] Das häufige, vielfältige und entspannte Schreiben gilt für Befürworter als günstige Voraussetzungen für die Schreibentwicklung.[86] Der Prozess des kreativen Schreibens ist insgesamt eher ungesteuert, allerdings fördern Teilprozesse, wie z.B. die Clustering-Methode, die Planungskompetenz oder das Weiterschreiben an kreativen Texten die Überarbeitungskompetenz.[87] Die große Stärke des kreativen Schreibens liegt vor allem im Abbau von Schreibblockaden und in der Aktivierung von Kreativität.[88] Außerdem sorgt die Praxis des kreativen Schreibens für eine „positive und aufgeschlossene Einstellung zum Schreiben"[89], also für Motivation und Freude am Schreiben, was eine Grundvoraussetzung für eine erfolgreiche Entwicklung der Schreibkompetenz darstellt.[90] Dadurch soll „auch die Qualität der Texte besser und die Entwicklung von Kreativität gefördert"[91] werden.

---

[82] Vgl. Worbel, 2013, S. 208.
[83] Vgl. Winter, 1998, S. 19.
[84] Ministerium für Kultus, Jugend und Sport Baden-Württemberg und Landesinstitut für Schulentwicklung (Hg.), 2016, S. 15.
[85] Vgl. Köller, 2019, S.161ff.
[86] Vgl. Böttcher, 2010, S. 21.
[87] Vgl. ebd., S. 21.
[88] Vgl. Winter, 1998, S. 21.
[89] ebd., S. 202.
[90] Vgl. Köller, 2019, S. 144.
[91] Schäfer, 2013, S. 327f.

6.2.   Schwierigkeiten der Förderung durch kreatives Schreiben

Wie bereits erwähnt liegen kaum Studien zur Wirksamkeit des kreativen Schreibens bzgl. der Förderung der Schreibkompetenzen vor. Eine Ausnahme bildet die Untersuchung von Winter (1998), wobei die Wirksamkeit des kreativen Schreibens mit der Wirksamkeit des traditionellen Aufsatzunterrichts empirisch verglichen wurde.[92] Demnach „ist ein ausschließliches Unterrichten nach diesem Ansatz in der Grundschule nicht zu empfehlen"[93]. Vor allem aufgrund der Unklarheit der an das Schreiben gerichteten Erwartungen fehlen wichtige Impulse für die Entwicklung der Schreibkompetenz von Schüler*innen, weshalb der traditionelle Aufsatzunterricht dem Förderanspruch besser nachkommt, als das kreative Schreiben.[94] Auch wird das Schreiben weniger als kommunikative Handlung wahrgenommen, sondern liegt im Trend des *Rückzugs ins Private*, wie Abraham es formuliert.[95] Weitere Kritik fokussiert die Überhöhung der Authentizität der Texte beim kreativen Schreiben, „ohne an ihrer Qualität zu arbeiten[96]". Die Studie zeigt, dass zahlreiche Mängel in den Grundschulklassen, die ausschließlich einen Unterricht mit kreativem Schreiben praktizierten, auf unzureichend entwickelte Schreibqualifikationen sowie fehlende Planungskompetenzen zurückzuführen sind.[97] „Für Grundschulkinder, die in ihrer Schreibentwicklung noch am Anfang stehen, ist ein Unterricht, der grundlegende Qualifikationen bezüglich der Textproduktion vermittelt, unabdingbar. Dieser Forderung kommt das kreative Schreiben nicht in ausreichendem Maße nach"[98].

7.   Resümee

Die Euphorie, die mit dem kreativen Schreiben verbunden war, ist durch die Erkenntnisse von Winter zur Wirksamkeit des kreativen Schreibens im Vergleich zum traditionellen Aufsatzunterricht zur Entwicklung der Schreibkompetenzen von Schüler*innen etwas gebremst.[99] Das kreative Schreiben ordnet sich ein „in den Zusammenhang der modernen Schreibforschung und Schreibdidaktik, wo es als prozessorientiert und individualisierend charakterisiert wird"[100]. Die Perspektive, Schreibkompetenz als Prozess anzusehen, gründet sich auf die kognitions-psychologische Modellierung, welche wichtige Impulse für die moderne Schreibdidaktik lieferte.[101] Auch die seit den 80er Jahren bestehende Schüler*innenfokussierung ist beim kreativen Schreiben allgegenwärtig. Einzelne Schreibimpulse können einen Beitrag zur Förderung der Schreibkompetenzen Planen,

---

[92] Vgl. Winter, 1998, S.24ff.
[93] ebd., S. 201.
[94] Vgl. Fix, 2008, S. 118f.
[95] Vgl. ebd., S. 118.
[96] Schäfer, 2013, S. 328.
[97] Vgl. Winter, 1998, S. 201.
[98] ebd., S. 201.
[99] Vgl. Fix, 2008, S. 119.
[100] Böttcher, 2010, S. 7.
[101] Vgl. Philipp, 2017, S. 19.

Formulieren und Überarbeiten leisten. So kann z.b. die Clustering-Methode des kreativen Schreibens die Planungskompetenz fördern oder das Füllen von Lücken in einem bereits bestehenden Text die Überarbeitungskompetenz fördern oder das Weiterschreiben eines Textes die Formulierungskompetenz, indem Formulierungen und Stil für das eigene sprachliche Handeln übernommen werden.[102] Vor allem aber können die Methoden des kreativen Schreibens Motivation und eine positive Einstellung und Freude am Schreiben bei Schüler*innen hervorrufen und die Kreativität der Lernenden fördern.[103] Gerade die Motivation ist eine wichtige Teilkompetenz der Schreibkompetenzen. Allerdings kann der ausschließliche Unterricht mit kreativem Schreiben nicht empfohlen werden.[104] Das kreative Schreiben geht selten auf Schreiben als eine kommunikative Handlung samt einer Schreiber-Leser-Interaktion ein, sprich die Adressatenorientierung und die kommunikativen Absichten werden kaum beachtet. Außerdem hat die Studie von Winter darauf aufmerksam gemacht, dass seitens der Lernenden, in deren Unterricht ausschließlich kreatives Schreiben praktiziert wurde, häufig Unklarheit bzgl. den an das Schreiben gerichteten Ansprüchen herrschte.[105] Auch wird beim traditionelle Aufsatzunterricht ein internalisierter Katalog an Kriterien und grundlegende Qualifikationen bzgl. der Textproduktion erworben, wobei das kreative Schreiben dieser Forderung nicht ausreichend nachkommen kann.[106] Zwar wurde diese Studie bei Grundschulkindern durchgeführt, wobei m.E. die Schlüsse aus der Vergleichsstudie weitestgehend auf Schüler*innen in der Sekundarstufe 1 übertragen werden kann, sodass ein traditioneller Aufsatzunterricht zur Förderung der Schreibkompetenzen von Lernenden nicht durch das Konzept des kreativen Schreibens vollständig ersetzt werden kann. Allerdings bedeutet dies nicht, dass das kreative Schreiben didaktisch gänzlich unbrauchbar ist.[107] Vielmehr handelt es sich bei den Methoden „um sinnvolle Vorschläge für einen abwechslungsreichen Schreibunterricht, die bestimmte Schwerpunkte [...] für den Prozess des Problemlösens setzen. [...] Kreatives Schreiben ist [...] kein didaktisches Konzept sondern eine methodische Variante des Schreibunterrichts"[108], welche als Ergänzung zum traditionellen Schreibunterricht einen wertvollen Beitrag zur Förderung der Schreibkompetenzen von Schüler*innen in der Sekundarstufe 1 beitragen kann.[109]

---

[102] Vgl. Böttcher, 2010, S. 21.
[103] Vgl. Winter, 1998, S. 202.
[104] Vgl. ebd., S. 201.
[105] Vgl. ebd., S. 201.
[106] Vgl. ebd., S. 201.
[107] Vgl. ebd., S. 201.
[108] Fix, 2008, S. 119.
[109] Vgl. Winter, 1998, S. 201.

Literaturverzeichnis

Baurmann, Jürgen: Schreiben - Überarbeiten - Beurteilen: ein Arbeitsbuch zur Schreibdidaktik, 5. Aufl., Seelze, Deutschland: Kallmeyer, 2017.

Böttcher, Ingrid: Kreatives Schreiben: Grundlagen und Methoden - Beispiele für alle Fächer und Projekte - Ab Jahrgangsstufe 2, 6., Berlin, Deutschland: Cornelsen Scriptor, 2010.

Fix, Martin: Texte schreiben: Schreibprozesse im Deutschunterricht, Stuttgart, Deutschland: SCHONINGH., 2008.

Köller, Katharina: Schreiben, in: Charis Goer/Katharina Köller (Hrsg.), Fachdidaktik Deutsch, Stuttgart, Deutschland: UTB, 2019, S. 141–164.

Ministerium für Kultus, Jugend und Sport Baden-Württemberg und Landesinstitut für Schulentwicklung (Hg.): Sek 1: Deutsch, in: Bildungspläne-bw, 23.03.2016, http://www.bildungsplaene-bw.de/,Lde/Startseite/BP2016BW_ALLG/BP2016BW_ALLG_SEK1_D_PK_02 (abgerufen am 02.08.2021).

Philipp, Maik: Grundlagen der effektiven Schreibdidaktik: und der systematischen schulischen Schreibförderung, 7. erw., Baltmannsweiler, Deutschland: Schneider Hohengehren, 2019.

Schäfer, Joachim: Schreiben - Texte produzieren, in: Volker Frederking/Hans-Werner Huneke/Axel Krommer/Christel Meier (Hrsg.), Taschenbuch des Deutschunterrichts: Band 1: Sprach- und Mediendidaktik, Weinheim, Deutschland: Beltz Verlag, 2013, S. 323–335.

Winter, Claudia: Traditioneller Aufsatzunterricht und kreatives Schreiben: eine empirische Vergleichsstudie, Augsburg, Deutschland: Wißner, 1998.

Wrobel, Arne: Schreiben - Textkompetenz und ihr Erwerb, in: Volker Frederking/Hans-Werner Huneke/Axel Krommer/Christel Meier (Hrsg.), Taschenbuch des Deutschunterrichts: Band 1: Sprach- und Mediendidaktik, Weinheim, Deutschland: Beltz Verlag, 2013, S. 202–217.

Abbildungsverzeichnis

(Anhang der vergrößerten Abbildungen 1-4)

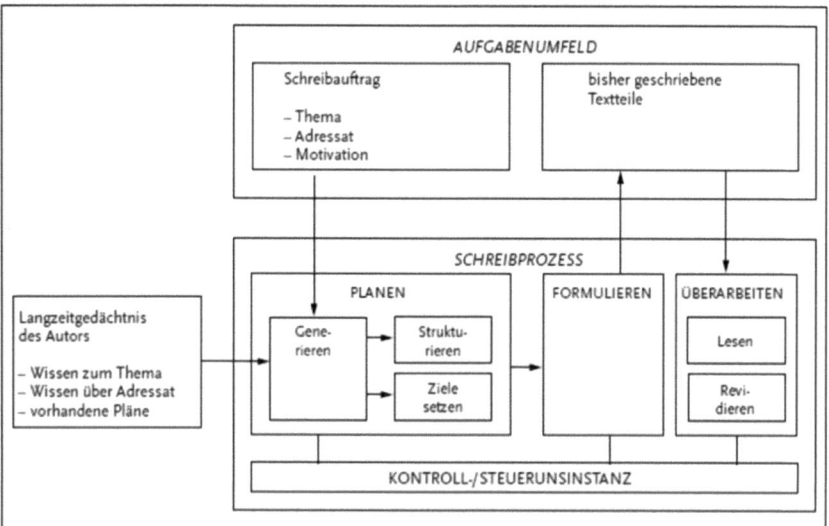

Abbildung 7: Schreibprozessmodell nach Hayes/Fowler (1980) Quelle: Köller, 2019, S. 154.

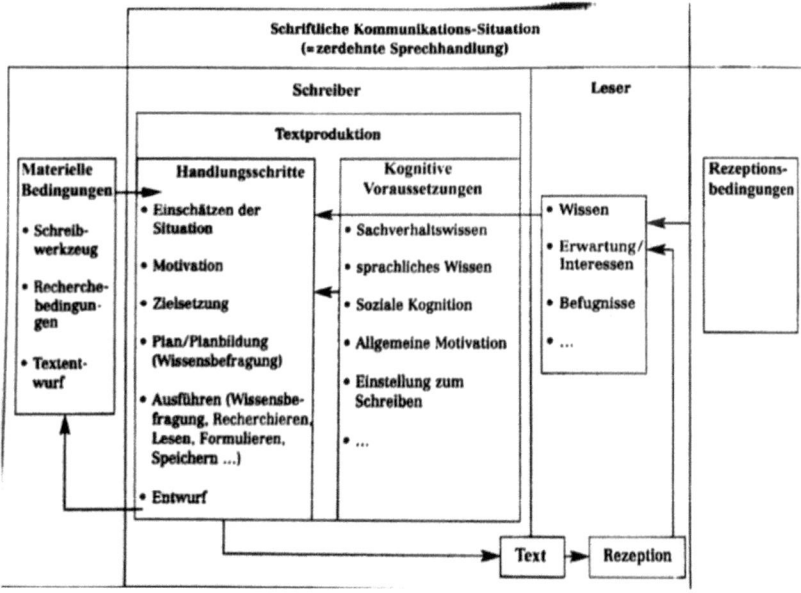

Abbildung 2: Das kommunikative Modell des Schreibens (Becker-Mrotzek/Böttcher 2006), Quelle: Wrobel, 2013, S. 206.

Warum und für wen schreibe ich? Zielsetzungs-kompetenz	Was schreibe ich? Inhaltliche Kompetenz	Wie formuliere und überarbeite ich?
	Interdependente Fragen im Schreibprozess	Formulierungs-kompetenz
	Wie baue ich den Text auf? Strukturierungs-kompetenz	

Abbildung 3: Schreibkompetenz nach Fix (2006) Quelle: Fix, 2008, S. 26.

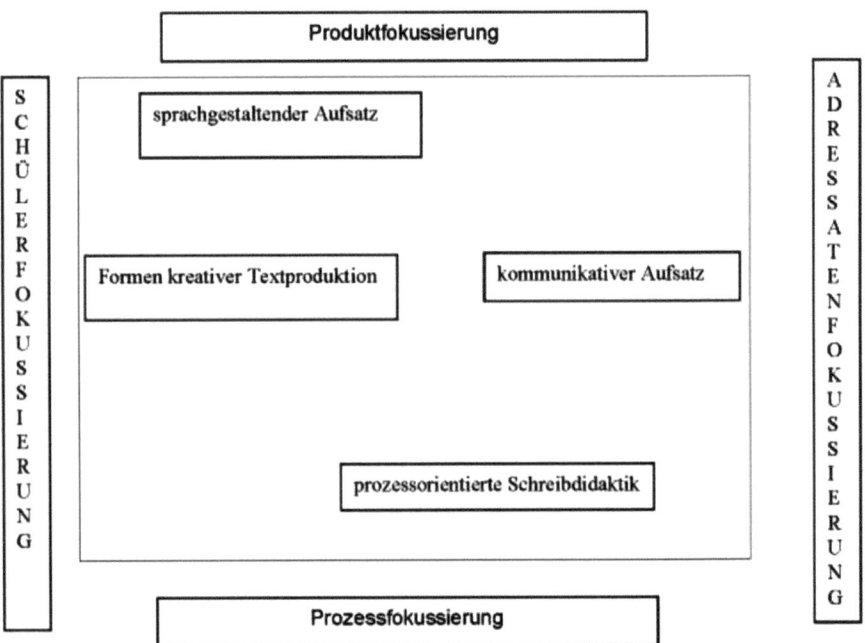

Abbildung 4: Schreibdidaktische Konzeptionen nach Schäfer, Quelle: Schäfer, 2013, S. 324